# BEI GRIN MACHT SICH IHR WISSEN BEZAHLT

**Bibliografische Information der Deutschen Nationalbibliothek:**

Die Deutsche Bibliothek verzeichnet diese Publikation in der Deutschen National-bibliografie; detaillierte bibliografische Daten sind im Internet über http://dnb.d-nb.de/ abrufbar.

**Impressum:**

Copyright © 2016 GRIN Verlag, Open Publishing GmbH
Druck und Bindung: Books on Demand GmbH, Norderstedt Germany
ISBN: 9783668356344

**Dieses Buch bei GRIN:**

http://www.grin.com/de/e-book/344978/bildungsmanagement-und-organisations-elemente-in-der-weiterbildung

Martina Kellner-Fichtl

# Bildungsmanagement und Organisationselemente in der Weiterbildung

GRIN Verlag

# Einsendeaufgaben zum Modul EB 1200

„Bildungsmanagement"

EB 1210: Bildungsmanagement

EB 1220: Leiten von Weiterbildungseinrichtungen

EB 1230: Wissensmanagement

Gender-Hinweis: In meinen Ausführungen verwende ich aus Vereinfachungsgründen sowohl die männliche als auch die weibliche Form abwechselnd. Die jeweils andere Form ist miteingeschlossen.

## Inhalt

**Einsendeaufgabe 1**

Was ist unter „organisationalem Lernen" zu verstehen und wie kann es durch systematische betriebliche Weiterbildung intensiviert werden?

„Der Begriff bezeichnet den Prozess, in dem Organisationen Wissen erwerben, es für alle Mitglieder verfügbar machen, es neu aufbereiten und strukturieren sowie für zukünftige Problemlösungen bereitstellen. Das Ziel ist die „lernende Organisation", die in der Lage ist, sich selbstständig, partizipativ und reflektiert neuen Herausforderungen zu stellen." (Dziobaka-Spitzhorn, Falk, Weiss, 2014, Glossar S. XI)

Ziel der betrieblichen Weiterbildung ist es, die Beschäftigungsfähigkeit der Mitarbeiter und Führungskräfte eines Unternehmens zu erhalten. Wichtig hierbei ist die Bedarfsorientierung: Sprich, welche Weiterbildung benötigt welcher Mitarbeiter. Dies ist eine jeweils individuelle Entscheidung. Betriebliche Weiterbildung kann intensiviert werden, indem für jeden Mitarbeiter ein genaues Profil angelegt wird. Welche Kenntnisse besitzt dieser? Welche Kenntnisse werden in seinem unmittelbaren Arbeitsalltag benötigt – oder zukünftig benötigt? Dies ist wichtig um organisationales Lernen nicht ins „Leere" laufen zu lassen sondern effizient einzusetzen. (vgl. Dziobaka-Spitzhorn, Falk, Weiss, 2014, S. 9)

Organisationales Lernen ist ein Prozess, und beinhaltet die Anpassungsreaktion eines Unternehmens auf Veränderungen im Umfeld. „Dies setzt aktive Wissensarbeit voraus, die erfordert, „dass das relevante Wissen (1) kontinuierlich revidiert, (2) permanent als verbesserungsfähig angesehen, (3) prinzipiell nicht als Wahrheit, sondern als Ressource betrachtet wird und (4) untrennbar mit Nichtwissen gekoppelt ist, so dass mit Wissensarbeit spezifische Risiken verbunden sind." (Dziobaka-Spitzhorn, Falk, Weiss, 2014, S. 16f)

Organisationales Lernen wird angeregt, wenn eine Diskrepanz zwischen Soll- und Istzustand auftritt. Um organisationales Lernen zu intensivieren sind der Aufbau und die kontinuierliche Pflege einer Wissensdatenbank sinnvoll. Beispielsweise durch Qualitätszirkel, Lernstätten usw. . Eine weitere Möglichkeit ist die Arbeitsstrukturierung wie beispielsweise Jobrotation. Wichtig hierbei ist die Vermittlung der Qualifikation der Problemwahrnehmung bei Führungskräften. Auch müssen alle Organisationsmitglieder in den Lernprozess einbezogen werden. Eine

Ermutigung, ihr Wissen und ihre gewonnenen Erfahrungen einzubringen ist erforderlich. Voraussetzung hierfür ist eine Homogenität individueller und kollektiver Lernziele. Kurze, arbeitsplatznahe betriebliche Weiterbildung ist in Zeiten steigender Arbeitsverdichtung unabdingbar. (vgl. Dziobaka-Spitzhorn, Falk, Weiss, 2014, S. 17f)


**Einsendeaufgabe 2**

Warum ist eine Beschränkung der Evaluation betrieblicher Weiterbildung auf die Ermittlung der Zufriedenheit der Teilnehmer und ggf. ihrer Vorgesetzten nicht hinreichend? Welche zusätzlichen Erfolgsbestimmungen sind aus Sicht des Unternehmens relevant?

Eine Beschränkung der Evaluation betrieblicher Weiterbildung auf die Ermittlung der Zufriedenheit der Teilnehmer zu begrenzen ist nicht ausreichend um zukünftig erfolgreich bzw. erfolgreicher zu agieren. Vorteil ist, dass diese Informationen relativ leicht und kostengünstig zu erhalten sind. Systematisch ausgewertet können Teilnehmerfragebögen Informationen für Feedback-Gespräche mit Auftraggebern liefern. Primärerhebungen erlauben zwar das direkte Feedback von Teilnehmern, welches auch wichtig ist, jedoch sehr subjektiv. Dadurch können Bedürfnisse dieser einen Teilnehmergruppe erhoben werden. Dies ist nicht repräsentativ. Ebenso wird der Markt außerhalb der Bildungseinrichtung hierbei nicht berücksichtigt. Dies sagt noch nichts über den Lernerfolg, den Transfererfolg und den Unternehmenserfolg aus. Externe Marktanalysen können als Trendinformation Aufschluss über erwartete Entwicklungen außerhalb der Bildungsinstitution geben. Sie sind in die Zukunft gerichtet und helfen zukünftiges Handeln dementsprechend zu planen. Desweitern sollten aus Sicht des Unternehmens regelmäßig interne Informationsquellen wie Bildungsstatistiken und Dozentenbefragungen ausgewertet werden. Die Bildungseinrichtung muss sich über die Konkurrenzanbieter informieren. Was wird derzeit von anderen Bildungseinrichtungen angeboten? Wie erfolgreich verläuft dies? Wo gibt es noch Lücken/Bedarfe, welche nicht gedeckt sind? Hierzu ist es sinnvoll sich einen Überblick im Internet über Weiterbildungsangebote verschiedener Bildungsträger zu verschaffen. Eine weitere von Kirkpatrick verwendete Systematik der Erfolgsmessung unterscheidet zwischen vier Ebenen: der Zufriedenheit der

Teilnehmern, dem Lernerfolg, dem Transfererfolg und dem Unternehmenserfolg. „Kirkpatrik weist auf die Komplexität der Erfolgsmessung und Wirkungsanalyse hin. So führen ein hoher Zufriedenheitserfolg und selbst ein hoher Transfererfolg nicht zwangsläufig auch zu einem entsprechenden Unternehmenserfolg. Allerdings konnten empirisch hohe Korrelationen zwischen den einzelnen Ebenen festgestellt werden, was insofern nicht überraschen kann, als Erfolge des Unternehmens kaum ohne Lern- und Transfererfolge denkbar sind." (Buchhester, 2003, S. 188)

Ebenso sind die Kunden daran interessiert den Erfolg nachgewiesen zu bekommen bzw. zu erkennen. Eine systematische Planung und Steuerung von Weiterbildung scheint derzeit noch nicht gegeben bzw. ist noch stark defizitär. (vgl. Dziobaka-Spitzhorn, Falk, Weiss; 2014, S. 82f)

Der Lernerfolg beschreibt, inwiefern die Teilnehmer eines Seminars die vorgegebenen Lernziele erreichet haben. Die Forschung hat gezeigt, dass Lernerfolge nicht allein Ergebnis einer professionellen Durchführung einer Bildungsveranstaltung sind. Sie hängen auch von der Persönlichkeit der Lernenden und dem betrieblichen Umfeld ab. Hier können Unternehmen als zusätzliche Erfolgsbestimmung Kompetenzprofile einsetzen. Dazu ist es notwendig, die aktuell vorhandenen Kompetenzen eines Mitarbeiters abzubilden, einzuordnen welchen betrieblichen Nutzen diese haben, individuelle Kompetenzziele vereinbaren und ein Sollportfolio zu erstellen. Dementsprechend wird ein Aktionsplan erstellt und die Lernerfolge werden fortwährend dokumentiert. (vgl. Dziobaka-Spitzhorn, Falk, Weiss, 2014, S. 86f) Hierfür ist die Zustimmung des Betriebsrats erforderlich. Oft handelt es sich um Selbsteinschätzung der Betroffenen.

Transfererfolg wird als die selbständige Übertragung des Gelernten in ein Lernfeld auf die Praxis bezeichnet. Einen Ursache-Wirkungs-Zusammenhang zur Qualifizierung zu beleben ist oft schwierig. (vgl. Dziobaka-Spitzhorn, Falk, Weiss, 2014, S. 88)

In der Praxis können Erfolgsbestimmungen durch die Kosten-Nutzen-Analyse, die Nutzenberechnung, die Abschätzung eines Return on Investment (RoI) sowie die Kalkulation von Opportunitätskosten vorgenommen werden. Dies sind durchaus aussagekräftige Instrumente um den Erfolg zu messen. (vgl. Dziobaka-Spitzhorn, Falk, Weiss, 2014, S. 91)

Die Kosten-Nutzen-Analyse dient dazu die zu erwartenden Kosten den voraussichtlichen Erträgen gegenüber zu stellen. Dadurch können nach Beendigung einer Maßnahme die entstandenen Kosten dem festgestellten Nutzen gegenüber gestellt werden. (vgl. Dziobaka-Spitzhorn, Falk, Weiss, 2014, S. 91)

Die Nutzenberechnung ist für das Management überzeugender, da durch das interne Berichtswesen aufbereitete Kennzahlen herangezogen werden um den Nutzen der Weiterbildung zu bestimmen.

Der Return on Investment gibt an wie hoch der prozentuelle Anteil des Gewinns am Gesamtkapital ist. „Die Berechnung setzt allerdings voraus, dass sich der Programmnutzen annähernd quantifizieren, hinreichend auf die durchgeführte Bildungsmaßnahme zurückführen und schließlich auch in Geldeinheiten bewerten lässt. Dies ist am ehesten dort möglich, wo Qualifizierungsmaßnahmen sich in Umsatz- oder Produktivitätssteigerungen niederschlagen." (Dziobaka-Spitzhorn, Falk, Weiss, 2014, S. 92f) Somit kann der Nutzen durch eine rechnerische Formel den Kosten gegenübergestellt werden. (vgl. Dziobaka-Spitzhorn, Falk, Weiss, 2014, S. 93)

Opportunitätskostenrechnungen zu erstellen ist ebenso eine Möglichkeit der Erfolgsbestimmung des Unternehmens. Dies setzt Erfahrung voraus. Opportunitätskostenrechnungen bedeuten eine Argumentation aufgrund von überschlägig kalkulierten Wertansätzen. Die Kosten sollten nachvollziehbar, transparent und realistisch dargestellt werden, so dass die vorausgesagten Wirkungen auch mit einiger Wahrscheinlichkeit eintreten. (vgl. Dziobaka-Spitzhorn, Falk, Weiss, 2014, S. 93)

Ebenso müssen Timelags beachtet werden. Bildungsinvestitionen zahlen sich meist erst mittel- und langfristig aus. Auch ist der Nutzen direkt nach einer Weiterbildungsveranstaltung eher gering und steigt erst später an. Jedoch ist die Zuschreibung des Nutzens bei längerem Zeitabschnitt fraglich. Im Interesse der Nachhaltigkeit sollten mehrere Monate nach dem Seminar vergehen, bevor befragt wird. Das Management erwartet jedoch oft einen kurzfristigen Erfolgsausweis. Dies kann dazu führen, dass die positiven Wirkungen von Bildungsinvestitionen unterschätzt werden. (vgl. Dziobaka-Spitzhorn, Falk, Weiss, 2014, S. 93f)

Das Bildungscontrolling ist ein Instrument um die Wirtschaftlichkeit zu erhöhen, indem Prozesse optimiert und der ständigen Selbst- und Fremdprüfung unterzogen werden. Es wird regelmäßig geprüft ob die angestrebten Ziele erreicht wurden. Hier möchte ich das Zitat von Landsberg anbringen: „Wer nur mit Zahlen handelt, reduziert Bildung auf Eckewerte, der domestiziert Controlling von Bildung auf Randseitiges" (von Landsberg, 1995, S. 21) Die Konsequenz von von Landsberg, welcher ich persönlich auch zustimme, lautet deshalb, dass sich pädagogisches und ökonomisches Denken und Instrumentarium zusammenführen müssen und sich wechselseitig ergänzen sollen. (vgl. Dziobaka-Spitzhorn, Falk, Weiss, 2014, S. 95)

**Einsendeaufgabe 3**

Welches sind die wichtigsten Organisationselemente?

Die wichtigsten Organisationselemente sind Personen, Aufgaben und Hilfsmittel. Die Organisationsstruktur entsteht durch die jeweilige Kombination dieser Elemente.

Die „menschliche Seite" der Organisation lässt sich in vier Ebenen gliedern. Dies sind das Individuum (z.B. Persönlichkeitsstrukturen, individuelle Bedürfnisse, Belastbarkeit…), die Gruppe (z.B. zwischenmenschliche Beziehungen, Gruppendynamik, Konfliktlösung…), die Abteilung (z.B. Interaktion mit Abteilungszielen, Karrierefragen, Anerkennung…) und die Gesamteinrichtung (z.B. Vertrauen, Ziele der Einrichtung, Personalpolitik…). Die Rolle der im Betrieb beschäftigten Menschen zu durchdenken ist enorm wichtig Dies kann beispielsweise durch ausreichend Freiräume für Mitarbeitende geschehen. Denn zur Reflexion benötigen die Mitarbeiter Zeit. Ebenso können gezielt geförderte menschlich befriedigende Beziehungen in der Einrichtung „gewinnbringend" sein. (vgl. Nuissl, 2008, S. 19f) Übersehen wird aber leicht, dass es keine expliziten Verfahren sowohl der Interessenartikulation der Beschäftigten als auch einer effektiven Umsetzung von bedürfnisgerechten Arbeitsplätzen gibt." (Nuissl, 2008, S. 20)

Das weitere wichtige Organisationselement sind die Aufgaben. „Sie leiten sich aus den normativen generellen Zielen der Unternehmenspolitik, den strategischen und den operativen Zielen einer Unternehmung ab." (Bleicher, 1991, S. 35)

Nach den Fragen Wie, Was, Wo lassen sich die Aufgaben unterscheiden. „Wie" bezieht sich auf die Verrichtungen wie beispielsweise das Lehren etc.. Die Frage des „Was" richtet sich auf die Objekte. Beispielsweise auf die Seminare, die Anmeldung etc.. Und das „Wo" richtet sich auf den Ort, an dem die Aufgabe ausgeführt werden soll. Beispielsweise den Stadtteil oder Landeshauptstadt etc.. Mit der Änderung der Ziele können sich auch die Aufgaben ändern. Auch die arbeitenden Menschen können sich ändern. Wichtig ist regelmäßig zu prüfen, ob die Aufgaben noch mit den Zielen der Bildungseinrichtung übereinstimmen. (vgl. Nuissl, 2008, S. 20)

Das letzte Element sind die technischen Hilfsmittel. Im Bereich der Erwachsenenbildung beschränkt sich dieser Bereich beispielsweise auf die Ausstattung von Unterrichtsräumen, Kostenabwicklung, Bürokommunikation usw.. Die Elemente der Organisation stehen untereinander in Beziehung. Die Wichtigsten sind die Verteilungsbeziehungen und die Arbeitsbeziehungen. „Über die Verteilung werden Aufgaben, Personen und Hilfsmittel einander zugeordnet, sodass ein organisatorisches Gefüge entsteht. Über die Arbeitsbeziehungen werden Abläufe von Vorgängen, Zuständigkeiten und Entscheidungskompetenzen geordnet." (Nuissl, 2008, S. 21)

**Einsendeaufgabe 4**

Welche typischen Ansätze kennen Sie, Organisationskultur zu beeinflussen?

Die Literatur ist sie größten Teils einig, dass es in Bezug auf die Organisationskultur wenige Möglichkeiten konkreten Eingreifens gibt. Es wird verstärkt von „Selbstregulation" der Organisationskultur gesprochen. Es gibt jedoch Versuche von Rosenstiel, Neuberger, Kompa und Sackmann, wie zielgerichtet auf Organisationskulturen eingewirkt werden kann. (vgl. Nuissl von Rein, 2008, S. 46f)

Im Überblick können die Ansätze wie folgt genannt werden:

- „den „Macher-Ansatz", der Kultur von oben lenkt (z.B. durch Symbole), ohne die Mitglieder der Organisation zu beteiligen;
- den „Gärtner-Ansatz", der eine langsame Pflege einzelner und ein behutsames Bremsen anderer kultureller Erscheinungen bedeutet;

7

- den „Krisen-Ansatz", der aus einschneidenden Maßnahmen besteht (etwa de Austausch von Führungspersonen );

- den „Autonomie-Ansatz", der weitgehend auf Steuerung von oben verzichtet und zulässt, dass sich innerhalb des Betriebes verschiedene Subkulturen bilden:

- den „Metapher-Ansatz", in dem versucht wird, Organisationsbilder bewusst und damit veränderbar zu machen;

- den „Variablen-Ansatz", der einen zielgerichteten Soll-Ist-Vergleich vorsieht mit partizipativen Handlungselementen sowie

- den „Konstrukt-Ansatz", der über vermittelte kulturelle Sensibilität, Personalauswahl und innerbetriebliche Sozialisation andere Handlungsfelder anspricht." (Nuissl von Rein, 2008, S. 47)

Wirkungsvoller als Ansätze, welche Organisationskultur zu beeinflussen versuchen, ist derzeit das Verfahren der Organisationsdiagnostik. Die Organisationsdiagnostik besteht weitgehend aus der Methodik der empirischen Sozialforschung. Anlass zur Organisationsdiagnostik kann ein niedriges Leistungs- und Motivationsniveau sein. Organisationsdiagnostik gibt dann einen Sinn, wenn diese mit einem spezifischen Ziel verbunden ist, wie etwa im „Corporate-Identity-Ansatz".


**Einsendeaufgabe 5**

Fassen Sie kurz die Kernaspekte zusammen auf die man bei der Implementation von Wissensmanagement aus psychologischer Perspektive achten sollte.

Vorerst gehe ich auf die Begriffe Implementation und Wissensmanagement kurz ein. Unter Implementierung wird der Gesamtprozess der Umsetzung und Veränderung verstanden. „Wobei auch die Tätigkeit der Diagnose und der Kontrolle vorgenommen wird." (Mandl, Winkler, 2012, Glossar S. VI)

„Wissensmanagement bezeichnet den bewussten, verantwortungsvollen und systematischen Umgang mit der Ressource Wissen und den zielgerichteten Einsatz von Wissen in Organisationen." (Mandl, Winkler, 2012, Glossar S. VII)

Aus psychologischer Perspektive betrachtet spielt die Akzeptanz der Beteiligten der Organisation, in welchem das Wissensmanagement implementiert werden soll, eine große Rolle. Mitarbeiter müssen von Beginn an beteiligt und Ziele klar und nachvollziehbar dargelegt werden. Sonst können sich Mitarbeiter übergangen und nicht ernst oder wichtig genommen fühlen. Auch ist dann die Motivation der Mitarbeiter gering, sich an der Implementierung von Wissensmanagement zu beteiligen. (vgl. Mandl, Winkler, 2012, S. 95) „Akzeptanz ist demzufolge das Ergebnis motivierter Handlung. Dies bedeutet nichts anderes, als dass man Mitarbeiter für die Nutzung der eingeführten Maßnahme motivieren muss, um Akzeptanz zu schaffen." (Mandl, Winkler, 2012, S. 97)

Bei der Implementierung von Wissensmanagement wird für die Beteiligten der Organisation evtl. „Altes" durch „Neues" ersetzt oder verändert. „Die Veränderungen auf der Ebene des Wissens sind die einfachsten, gefolgt von Veränderungen in der Einstellung. Die Strukturen von Einstellungen unterscheiden sich jedoch grundlegend von denen des Wissens, weil sie emotional getrieben sind, positiv wie auch negativ. Daher erfordert es einen höheren Zeitaufwand, Veränderungen auf dieser Ebene zu erreichen." (http//1) Im Übergangszeitraum müssen die Beteiligten meist etwas „Altes" loslassen und Neues annehmen bzw. Veränderungen oder neue Anforderungen akzeptieren. Sich von Vertrautem zu Unbekanntem zu bewegen löst meist Angst und vorerst Abwehr aus, auch wenn die Veränderung positiv ist. Wichtig ist in dieser Phase genaue und individuelle Information der Betroffenen durch die Führungskräfte. Es macht keinen Sinn, die Bedenken und Befürchtungen ausreden zu wollen. Hilfreicher ist es, die Befürchtungen anzuhören und mit Empathie und Verständnis zu reagieren. Vorteile und zukünftige Perspektiven für den Einzelnen können helfen, Ängste zu minimieren. (vgl. http//1)

Die Einführung neuer Konzepte, Werkzeuge oder Instrumente ist in drei Phasen gegliedert. Phase I besteht aus der Änderungsanalyse und der Bedarfsanalyse. Psychologisch betrachtet ist es hierbei wichtig, die Unterstützung der Geschäftsleitung einzuholen. Ein Lenkungsausschuss ist psychologisch betrachtet ebenso wichtig, damit klar ist, wer für was bis wann im Projekt zuständig ist. Bei der Bedarfsanalyse müssen die tatsächlichen Nutzer miteinbezogen werden. Anschließend wird der gewünschte Sollzustand mit den Nutzern definiert. Nur wenn sich die Bedarfsanalyse auf die konkreten arbeitsbezogenen Probleme richtet, wird sie von den Nutzern als gewinnbringend eingeschätzt werden. (vgl. Mandl, Winkler, 2012, S. 95)

In der zweiten Phase der Implementierungsrealisation wird ein genaues Konzept zum Vorgehen der Einführung erstellt. Ein Teil der zweiten Phase ist die Erstellung eines Akzeptanzkonzepts. Hierbei werden konkrete Maßnahmen erarbeitet, welche die Akzeptanz der Organisationsmitglieder sicherstellen soll. Bei der Realisierung ist es erforderlich die genauen Verantwortlichkeiten festzulegen, wieder alle Beteiligten zu informieren und keinen zu übergehen. Phase drei ist die Implementierungskontrolle. (vgl. Mandl, Winkler, 2012, S. 95f)

Es gibt vier Bereiche um die Akzeptanz einer Maßnahme zu sichern. Dies sind die Organisation, Technik, Partizipation und Qualifizierung.

## Literaturverzeichnis

**Bleicher, K.** (1991): 2. Auflage. Organisation. Wiesbaden.

**Buchhester, St.** (2003): Bildungscontrolling. Der Einfluss von individuellen und organisationalen Faktoren auf den wahrgenommenen Weiterbildungserfolg. Dissertation Universität Greifswald. Verlag Dr. Kovac. Hamburg.

**Dziobaka-Spitzhorn, V.; Falk, R.; Weiss, R.** (2014): 2., aktualisierte und überarbeitete Auflage. Bildungsmanagement in betrieblichen Weiterbildungseinrichtungen. Studienbrief Nr. EB 1210 des Master-Fernstudiengangs Erwachsenenbildung der TU Kaiserslautern. Unveröffentlichtes Manuskript. Kaiserslautern.

**Von Landsberg, G.** (1995): 2. Auflage. Bildungs-Controlling: „What is likely to go wrong?" In: Bildungs-Controlling, hrsg. Von Georg von Landsberg und Reinhold Weiß. Schäffer-Poeschl. Stuttgart.

**Nuissl von Rein, E.** (2008): 2., aktualisierte Auflage. Leiten von Weiterbildungseinrichtung. Studienbrief Nr. EB 1220 des Master-Fernstudiengangs Erwachsenenbildung der TU Kaiserslautern. Unveröffentlichtes Manuskript. Kaiserslautern.

**Mandl, H.; Winkler, K.** (2012): 2., aktualisierte und überarbeitete Auflage. Wissensmanagement. Studienbrief Nr. EB 1230 des Master-Fernstudiengangs Erwachsenenbildung der TU Kaiserslautern. Unveröffentlichtes Manuskript. Kaiserslautern.

Internetquellen:

http://1  www.symposion.de/Kapitel23160201_WERK7001 (Zuletzt abgerufen am: 02.11.2015, 00:23)